W0289388

# Cherche et trouve Les dinosaures

Illustrations : Gareth Lucas

Maquette : Ruth Russell

Texte : Kirsteen Robson

Traduction : Véronique Duran

Tu trouveras les réponses pages 30 à 32.

Vois-tu un dinosaure miniature ?
Trouve un dinosaure agitant un drapeau.

Où est ma tasse de café ?
Qui a l'air prêt pour déjeuner ?
Cherche une autre libellule.

Sais-tu qui a emprunté mon livre ?
Trouve un autre poisson comme moi.

Miam ! Vois-tu ce qui reste de mon déjeuner ?
Qui porte un nœud papillon ?

Je ressemble à mon jumeau – le vois-tu ?
Lequel porte des bottes ?

Combien d'entre nous ont attrapé un poisson ?
Trouve quatre avions en papier.
Cherche celui qui tient une épuisette.

Trouve une queue nouée.
Vois-tu mes lunettes ?
Lequel a la bouche pleine de feuilles ?

Lequel d'entre nous porte une montre ?

Cherche un chapeau de fête.
Vois-tu un ballon ?
Lequel m'a apporté un cadeau ?

J'ai faim ! Où est le gâteau ?
Trouve ma petite sœur.

Trouve un autre chapeau comme le mien.
Vois-tu mon autre jambière ?
Qui porte l'écharpe que j'ai tricotée ?

Cherche deux papillons qui volettent.
Où est ma canne ?

Qui a le panier de pique-nique ?
Vois-tu où j'ai laissé tomber mes clés ?
Où est mon papa ?

Trouve un nid plein d'œufs délicieux.
Lequel d'entre nous porte un casque ?

Lequel se fait les ongles ?
Trouve à qui appartient cette plume.

Cherche un dinosaure avec un sac à main.
Quel dinosaure porte des lunettes ?
Sais-tu lequel a pris mon parapluie ?

Combien de poissons comptes-tu ?
Où est le chargeur de mon ordinateur ?
Vois-tu un serpent sournois ?

Miam ! Lequel a une pizza ?
Brr ! As-tu vu mon bonnet ?
Trouve mes moufles.

Trouve un autre lézard comme moi.
Quel dinosaure a le moins de taches ?

Combien de plumes ai-je fait tomber ?
Cherche trois tubes de peinture.
Où sont mes pinceaux ?

Qui d'autre voyage à dos de dinosaure ?
Trouve un emporte-pièce dinosaure.
Lequel s'est blessé au genou ?

Où sont mes deux autres chaussettes ?
Où est le biscuit dinosaure ?

Vois-tu mon petit bateau ?
Cherche une araignée courageuse.
Quel est le poisson le plus petit ?

Trouve une fleur comme celle-ci.
Lequel mange une glace ?
Où sont mes lunettes de natation ?

Lequel porte une guirlande de fleurs ?
Cherche un balai pour balayer les feuilles.
Trouve l'éventail pour me rafraîchir.

Vois-tu un petit endormi ?
Lequel porte de jolis nœuds ?
Où ai-je laissé mon téléphone ?

Lequel d'entre nous a perdu ses pointes ?
Lequel a une crête de la couleur de mes ailes ?
Combien y a-t-il de fleurs bleues ?

Trouve un dinosaure jouant de la flûte.
Vois-tu un tambourin ?

# RÉPONSES

Couverture

1

2-3

4-5

3 ont attrapé un poisson.

6-7

8-9

10-11

12-13

14-15

16-17

5 poissons.

18-19

Il a fait tomber 3 plumes.

20-21

# RÉPONSES (suite)

22-23

24-25

26-27

Il y a 9 fleurs bleues.

28-29

© 2017 Usborne Publishing Ltd., 83-85 Saffron Hill, Londres, EC1N 8RT, Grande-Bretagne. © 2017 Usborne Publishing Ltd. pour le texte français. Le nom Usborne et les marques sont des marques déposées d'Usborne Publishing Ltd. Tous droits réservés. Aucune partie de cet ouvrage ne peut être reproduite, stockée en mémoire d'ordinateur ou transmise sous quelque forme ou moyen que ce soit, électronique, mécanique, photocopieur, enregistreur ou autre sans l'accord préalable de l'éditeur. Imprimé en Chine.